Florian Biehl

Theodor Storms „Ein Doppelgänger". John Hansens Umwelt und der Einfluss auf sein Schicksal

Chronik einer gescheiterten Rehabilitation

GRIN Verlag

Bibliografische Information der Deutschen Nationalbibliothek:

Die Deutsche Bibliothek verzeichnet diese Publikation in der Deutschen National-
bibliografie; detaillierte bibliografische Daten sind im Internet über http://dnb.d-
nb.de/ abrufbar.

Impressum:

Copyright © 2008 GRIN Verlag GmbH
Druck und Bindung: Books on Demand GmbH, Norderstedt Germany
ISBN: 978-3-656-58585-5

Dieses Buch bei GRIN:

http://www.grin.com/de/e-book/268281/theodor-storms-ein-doppelgaenger-john-
hansens-umwelt-und-der-einfluss

GRIN - Your knowledge has value

Der GRIN Verlag publiziert seit 1998 wissenschaftliche Arbeiten von Studenten, Hochschullehrern und anderen Akademikern als eBook und gedrucktes Buch. Die Verlagswebsite www.grin.com ist die ideale Plattform zur Veröffentlichung von Hausarbeiten, Abschlussarbeiten, wissenschaftlichen Aufsätzen, Dissertationen und Fachbüchern.

Besuchen Sie uns im Internet:

http://www.grin.com/

http://www.facebook.com/grincom

http://www.twitter.com/grin_com

Chronik einer gescheiterten Rehabilitation

John Hansens Umwelt und der Einfluss auf sein Schicksal in Theodor Storms „Ein Doppelgänger"

Inhaltsverzeichnis

1. Einleitung

In einer seiner letzten Novellen erzählt Theodor Storm eine Geschichte, die zu ihrer Entstehungszeit so aktuell war wie sie es heute noch ist. „Ein Doppelgänger" handelt von John Hansen, der nach einer abgesessenen Haftstrafe in Glückstadt versucht, den Weg in das bürgerliche Leben wieder zu finden. Doch anstatt Vergebung und die Chance auf einen Neuanfang in der Bevölkerung seiner Heimatstadt zu finden, schlagen ihm zumeist lediglich Misstrauen und Zweifel entgegen. Es ergibt sich ein Teufelskreis aus dem Versuch, seine Ehre zurück zu gewinnen und den sich wiederholenden Fehlschlägen dieser Bemühungen, die zu immer größeren Problemen führen und letztlich im tödlichen Sturz John Hansens in einen Brunnen enden.

Der nun folgende Text soll zum einen die Frage klären, ob Storm mit seinem Werk „Kritik an der bürgerlichen Gesellschaft des späten 19. Jahrhunderts üben wollte oder ob er das tragische Scheitern seines >Helden< als unabänderlichen, schicksalhaften Vorgang auffasste"[1] und zum anderen, welche Personen und Umstände positiven als auch negativen Einfluss auf John Hansens Leben hatten, sowie deren Auswirkungen auf sein weiteres Verhalten bis zu seinem Tode.

2. Theodor Storms Leben als Einfluss auf den Text

Bei vielen Autoren stellt sich bei der Interpretation ihrer Werke irgendwann zwangsläufig die Frage, inwiefern das eigene Leben und die eigenen Erfahrungen Grundlage oder Inspiration war. Ein Blick in Storms Biografie offenbart, dass man hier nicht lange suchen muss, um zumindest einen Teil seiner Inspirationsquelle aufzudecken.

„Storm als gelernter Jurist, als Richter und Landvogt schien ja für die Gestaltung eines >kriminalistischen< Themas besonders prädestiniert zu sein"[2].

In den 1840er Jahren betreibt Storm eine eigene Anwaltskanzlei, welche er allerdings aufgeben muss, da er sich weigert, nach der Niederlage Schleswig-Holsteins gegen Dänemark eine Loyalitätserklärung zu unterzeichnen. Storm siedelt über nach Potsdam und wird dort Gerichtsassessor; später Kreisrichter in Heiligenstadt. Nach Ende des Deutsch-Dänischen Krieges kehrt er in seine Heimat Husum zurück und wird dort zunächst Landvogt und später preußischer Amtsrichter.

---

[1] Grimm, Günter: Storms „*Ein Doppelgänger*". Soziales Stigma als modernes Schicksal. In: H. Denkler (Hrsg.): Romane und Erzählungen des bürgerlichen Realismus. Stuttgart: 1980, S.325 ff. S.329
[2] Ebd. S. 326

Sein letzter Berufswechsel ist 1874 die Ernennung zum Oberamtsrichter. Diese Stellung behält er sechs Jahre und wird 1880 auf eigenen Wunsch pensioniert.

Viele Fälle und Ereignisse, die Storm in seinen fast vierzig Jahren als Richter erlebt hat, haben ihn offenkundig in seinem Schaffen beeinflusst. In einen Brief an Emil Kuhn schreibt er:

> *„Mein richterlicher und poetischer Beruf sind meistens in gutem*
> *Einvernehmen gewesen, ja ich habe sogar oft als eine Erfrischung*
> *empfunden, aus der Welt der Phantasie in die praktische des reinen Verstandes*
> *einzukehren und umgekehrt.“*[3]

In vielen anderen Briefen an Familie und Freunde berichtet er von aktuellen Prozessen, die ihn aus diversen Gründen besonders beschäftigen. Meist handelt es sich bei ihm dabei um humanistische Gründe, die einen Fall besonders berichtenswert erscheinen lassen. Storm scheint damals schon nicht immer den Täter allein als Schuldigen zu sehen. Auch das Umfeld eines Menschen erscheint dem Richter und Autor wichtig:

> *„[…]den haben die Verhältnisse auf diesen Platz gebracht.*
> *Etwas Sonnenschein zur rechten Zeit hätte vielleicht eine*
> *sehr edle Menschenpflanze zur Erscheinung gebracht.“*[4]

Ebenso scheint ihm sehr bewusst zu sein, dass oftmals die Bevölkerung die Sühne eines verurteilten oder ehemaligen Straftäters nicht anerkennt, sondern der straffällig gewordene Zeit seines Lebens mit seiner Schuld konfrontiert wird – sogar, wenn er zum Tode verurteilt wird. Storms Meinung über ein derartiges Verhalten wird in einer Schilderung der Hinrichtung eines Sträflings sehr deutlich, wenn er schreibt: „[…] es wimmelte von Menschen; das Volk, die Bestie, war auf den Beinen“[5].

Somit lässt sich zeigen, dass die Erfahrungen des Autors in seinem Beruf als Richter sein Bild von den Menschen, ihrem Einfluss aufeinander und dem Problem der Integration ehemaliger Häftlinge in normale soziale Strukturen entscheidend geprägt hat.

---

[3] An Emil Kuhn, vom 21.8.1873. In: P. Goldammer (Hrsg.): Theodor Storm: Briefe. Berlin/Weimar: 1972. Bd. 2, S.69
[4] An Constanze, vom 10.10.1863. In: Theodor Storm. Ein rechtes Herz. Sein Leben in Briefen dargestellt von Bruno Loets. Wiesbaden: 1951, S. 238.
[5] An Ludwig Pietsch, vom 22.2.1862. In: Blätter der Freundschaft. Aus dem Briefwechsel zwischen Theodor Storm und Ludwig Pietsch. Mitgeteilt von Volquart Pauls. Heide in Holstein: 1939, S.73.

3. John Hansens und John Glückstadt

Der soziale Abstieg John Hansens beginnt mit seiner Entlassung aus dem Militärdienst.
Aus dieser Zeit wird berichtet, dass er beinahe einen dänischen Kapitän niedergestochen
hatte, weil dieser ihn beleidigte und das nach Ende seiner Dienstzeit noch „müßige, aber
wilde Kraft"[6] in ihm ruhte. Da es ihm nicht möglich ist, sofort im Anschluss eine Stelle
als Knecht zu bekommen, verbringt er einen Großteil seiner Zeit in einer Wirtschaft.
An diesem Ort lernt er Wenzel kennen, der seinerseits wegen Trunksucht seine Arbeitsstelle verlor. Hansen und er werden Freunde. Bei den regelmäßigen Treffen in der Wirtschaft oder am Deich erzählt Wenzel John oftmals von „allerlei lustigen Spitzbuben-
und Gewaltgeschichten"[7], die den jungen Mann so sehr beeindrucken, dass in ihm der
Wunsch aufkommt, selbst einmal so etwas zu erleben.

Mit diesem Entschluss brechen die beiden beim Exsenator des Dorfes ein und stehlen
eine wertvolle Uhr, welche John einem Vettern zur Konfirmation schenkt.

Hier schon stellen sich zwei Fragen: War die Straftat folge einer kriminellen Veranlagung oder einfach nur Folge der Beeinflussbarkeit des jungen Mannes und seine durch
Wenzels Räubergeschichten geweckte Abenteuerlust? Beabsichtigte John damit etwas
Gutes oder etwas Böses? Denn auch wenn es außer Frage steht, dass die Entwendung
fremden Eigentums nicht Rechtens ist, so beging er die Tat nicht, um sich selbst zu be-
reichern, sondern um seinem Vettern ein Geschenk zu machen, welches er sich zu leis-
ten aufgrund seiner Arbeitslosigkeit nicht im Stande gewesen wäre.

Von einem Verbrechen mit direkt böser Absicht kann also nicht die Rede sein, dennoch
brachten ihm der Einbruch und der Diebstahl sechs Jahre in der Zuchtanstalt in Glückstadt ein. Der Name dieses Ortes wurde für die Bewohner seines Dorfes zu seinem neu-
en Nachnamen und somit zum Symbol seiner Stigmatisierung. Obwohl er seine Schuld
voll abgesessen hat, wird er den Namen Glückstadt doch nicht los.

Nach der mit gutem Zeugnis bestätigten Entlassung aus dem Gefängnis sieht er sich
wieder dem Problem der Arbeitslosigkeit gegenüber, denn die meisten möchten keinen
ehemaligen Sträfling in ihren Dienst stellen. Letztlich bekommt er doch eine Stelle als
Aufseher auf einem Acker, auf dem bezeichnender Weise früher der Galgen des Ortes
stand.

---

[6] Storm, Theodor: Ein Doppelgänger. Ditzingen: Reclam. 2003, S. 21
[7] Ebd.

Ebenso befindet sich dort ein Brunnen, auf dessen Symbolik später in diesem Text genauer eingegangen wird. An seiner Arbeitsstelle lernt er dann seine spätere Frau Hanna kennen.

Die Ehe mit ihr und die Geburt der gemeinsamen Tochter Christine stellen für John ein Stück bürgerliche Normalität wieder her, nach der er sich seit seiner Haftentlassung sehnt. Doch auch dieses Glück ist nicht von langer Dauer. Die Familie lebt in armen Verhältnissen und die finanziellen Sorgen, besonders nach dem Tod von Hannas Mutter, lassen bei John alte Wunden wieder aufbrechen, der seine Schuld bis dahin immer noch nicht verarbeitet hat:

„wo aber eine Hand erbarmungslos an jene offene Wunde seines Lebens rührte, wo er's nur glaubt, da fielen die starken Arme ihm an seinen Leib herunter[...]"[8]

Es kommt immer wieder zu häuslicher Gewalt, die auch das Bild der Familie beim Rest der Gemeinde prägen, obwohl sie nicht mitbekommen, dass auf die lautstarken Auseinandersetzungen zwischen John und Hanna die beiden sich jedes Mal in den Armen liegen und sich küssen.

Trauriger Höhepunkt dieser emotionalen Wechselhaftigkeit ist der Tod Hannas durch Johns fahrlässige Aggressivität. In Zeiten ihrer größten Armut schlägt Hanna ihrem Mann vor, er solle doch durch Wollspinnerei Geld verdienen; eine Tätigkeit, die er in seiner Zeit als Häftling in Glückstadt gelernt hat. Dies steht aber im absoluten Gegenteil zu Johns innigstem Wunsch, endlich mit seiner Vergangenheit abzuschließen. Er wird über diesen Vorschlag so wütend, dass er sie im Laufe der Auseinandersetzung von sich fort stößt, woraufhin sie sich unglücklich am Kopf verletzt und aufgrund dieser Verletzung stirbt.

Auch hier ist wieder die Frage, ob John für sein Handeln allein verantwortlich zu machen ist. Schuld am Tod seiner Frau sind zwar einerseits sein aufbrausendes Temperament und seine übermäßige Kraft, andererseits aber eben auch die finanziellen Sorgen, die daher rühren, dass er aufgrund der ihm immer noch nachgetragenen Vergangenheit keine Chance auf eine besser bezahlte Arbeitsstelle erhält. Somit ist dieser Schicksalspunkt in seinem Leben erneut ein Zusammenwirken von äußeren Einflüssen und seiner eigenen Unbeherrschtheit.

---

[8] Ebd, S.8

Letzteres ändert sich allerdings nach Hannas Tod. Seine Aufgabe und sein höchstes Ziel ist es nun, seine Tochter Christine mit viel Liebe so zu erziehen, dass sie einmal ein besseres Leben führen kann. Auch hier machen sich wieder Johns Bestrebungen nach Bürgerlichkeit deutlich bemerkbar.

Dieser Wechsel in seiner Gesinnung erklärt auch Christines Aussage in der Rahmenhandlung: „mir ist oftmals, als hätte ich vorher, bei Lebzeiten meiner Mutter, einen anderen Vater gehabt."[9] Ebenso erklärt sich hier auch der Titel der Novelle „Ein Doppelgänger". Es handelt sich zwar nur um einen Menschen, der aber zwei verschiedene Leben besitzt: zum einen der nach Bürgerlichkeit strebende John Hansen und zum anderen der von der Gesellschaft verachtete ehemalige Sträfling John Glückstadt.

Sein Verlangen nach Rechtschaffenheit zeigt sich auch, als er die Bettlerin Küster-Marieken in seinem Hause aufnimmt. Zwar ist sein Umgang mit dieser Frau nicht zuträglich für seinen eignen sozialen Status, aber er sieht es als seine Pflicht, einer alten Frau in einer Notlage zu helfen. Ausserdem hat er so noch jemanden, der sich um seine Tochter kümmert, wenn er arbeiten geht. Die alte Frau bringt ihr sogar schreiben und lesen bei.

Der nächste Wendepunkt in seinem Leben ist ein erneutes Treffen zwischen ihm und Wenzel. Zwar schlägt er dessen Angebot auf eine neuerliche Straftat trotz seiner Lebenssituation aus, wird bei der Unterhaltung allerdings vom Gendarm Lorenzen beobachtet. Da dieser in der Stadt rum erzählt, dass er die beiden ehemaligen Knastkumpane gemeinsam gesehen hat, verliert John endgültig seine Arbeit.

Seine Tochter bietet ihm an, für sich und ihn betteln zu gehen, doch sowohl das, als auch das von Küster-Marieken erbettelte Essen schlägt er aus, „um seinen endgültigen sozialen Abstieg zu vermeiden"[10].

Im Winter wird nun das Geld für Feuerholz knapp. Um seine Tochter vor dem Erfrieren zu bewahren, begibt sich John heimlich auf den Acker, auf dem er einst arbeitete, um dort die selbst errichtete Holzumzäunung des Brunnens ab zu reißen. Hier dient der Diebstahl erneut nicht der eigenen Bereicherung sondern der Hilfe anderer in seiner Umgebung.

Ein ähnliches Szenario ergibt sich kurz darauf. Christine und ihr Vater hungern und John weigert sich immer noch strikt, erbetteltes Essen zu akzeptieren.

---

[9] Ebd. S.14
[10] Schunicht, Manfred: Theodor Storm: „Ein Doppelgänger". In: J. Kolkenbrock-Netz (Hrsg.): Wege der Literaturwissenschaft. Bonn: 1985, S. 174ff, S.178

Deshalb schleicht er sich nachts erneut auf den Acker, um einige Kartoffeln zu stehlen. „John, der ehrlich sein will, kämpft darum, ehrlich zu bleiben, aber die Umstände lassen es nicht zu."[11]

Dabei denkt er aber nicht mehr an den Brunnen, der sich auf dem Feld befindet und auch schützende Bretterzaun ist bekanntermaßen nicht mehr vorhanden.

So stirbt John Hansen beim Sturz in den ungesicherten Brunnenschacht.

4. Einflüsse auf John Hansens Leben

Nachdem die schicksalhaften Verkettungen nun aus der Position John Hansens betrachten wurden, werden nun die Personen genauer behandelt, welche im Text besonders durch positiven oder negativen Einfluss auf das Leben des „Doppelgängers" auffallen.

4.1. Negative Einflüsse

Viele Bewohner in Johns Heimatort stehen ihm, dem ehemaligen Häftling „John Glück-stadt", sehr vorurteilsbelastet gegenüber. Stellvertretend sollen hier nun drei Personen näher beleuchtet werden, die Johns Leben entscheidend zum Schlechten beeinflusst haben.

4.1.1. Wenzel

Wenzel steht in der Novelle, neben Küster-Marieken, für Johns Kontakt mit der unehrlichen, nicht bürgerlichen Unterschicht, wirkt aber im Vergleich zu der alten Bettlerin weitaus negativer. Der Leser erfährt von ihm nicht vielmehr, als das er bei den meisten Ganoven- und Verbrechergeschichten, die er John erzählt, selbst in irgendeiner Form beteiligt war.

Er ist es dann auch, der den bereits latent-aggressiven ehemaligen Soldaten auf die schiefe Bahn führt. Durch seine Geschichten werden in dem arbeitslosen Mann die Abenteuerlust und der Wunsch geweckt, auch einmal selbst aktiver Teil einer solchen Geschichte zu sein.

---

[11] Tschorn, Wolfgang: Der Verfall der Familie. „*Der Herr Etatsrat*" und „*Ein Doppelgänger*" als Beispiele zu einem zentralen Darstellungsobjekt Storms. In: Schriftreihe der Theodor-Storm-Gesellschaft. 29 (1980), S. 44ff., S. 49

Hier gibt er eindeutig den Dorfbewohnern die Schuld am schweren Leben Johns, das offenbar unweigerlich zu dessen Tod geführt hat. Wenn man nun die häufig in der Literatur auftauchende Vermutung annimmt, dass sich Storm selbst mit seiner eigenen Meinung in der Gestalt des Bürgermeisters äußert, so klagt er hier offen das für ihn größte Defizit der Gerichtssprechung an. Selbst wenn Straftäter ihre Schuld rechtmäßig büßen, bedeutet dies noch lange nicht, dass die Bevölkerung sie daraufhin wieder in ihrer Mitte akzeptieren. Ein Problem, zu dem die Rechtssprechung bis zum heutigen Tage noch keine Lösung gefunden hat.

4.2.2. Der Schreiner

Der Schreiner ist Nachbar der Familie Hansen. Wenn es zwischen John und Hanna zu Streitigkeiten kommt und diese auszuufern drohen, geht er oftmals zu ihnen rüber und versucht die häufig handfesten Auseinandersetzungen beizulegen. Wenn ihm dies misslingt, so nimmt er doch wenigstens Christine mit zu sich hinüber, damit die kleine Tochter den Streit der Eltern nicht miterleben muss.

In finanzieller Hinsicht verhält er sich ähnlich wie der Bürgermeister. Nach dem Tode Hannas gewährt er John eine Ratenzahlung auf den von ihm angefertigten Sarg. Dies hilft John bei seinem Versuch in die Gesellschaft zurückzukehren, denn nun kann er seine geliebte Frau auf eine für ihn ehrenvolle und würdige Weise beisetzen.

Die Motive bzw. die Motivation des Schreiner wird nicht wirklich klar, doch scheint es, als fühle er sich auf rein menschlicher Ebene dazu verpflichtet, Menschen, denen es schlechter geht als ihm selbst, zu helfen. Somit steht er in der Novelle für Gutmütigkeit und Hilfsbereitschaft aus Mitleid. Er bleibt allerdings auf sicherer Distanz zu Hansen und tut nur das, was scheinbar sein Anstand von ihm verlangt, denn er unternimmt keine Versuche, seinen Nachbarn wieder aktiv in die Gemeinschaft zu integrieren. Wenn man diese Beziehung mit der zwischen Hansen und Küster-Marieken vergleicht, so lässt sich vermuten, dass dieses Verhalten mit seiner Sorge um seine eigene Reputation zu begründen ist, denn der Umgang mit Menschen aus einer gesellschaftlich niedrigeren Schicht scheint sich eben nicht positiv auf dessen sondern negativ auf den eigenen Stand auszuwirken.

Nichtsdestotrotz wirkt sich das Verhalten des Schreiners im Vergleich zu anderen Einflüssen positiv auf Johns Lebensumstände aus.

Auf diese Weise einerseits von Wenzel als eine Art Vaterfigur beeinflusst, andererseits durch anscheinend bereits in ihm vorhandene Anlagen, begehen die beiden Männer den Einbruchsdiebstahl, der zur Verhaftung führt. Dies ist für John Hansen bzw. John Glückstadt der Ausgangspunkt für sein späteres Leben zwischen dem Streben nach Bürgerlichkeit, dem Wieder finden der eigenen Ehre und regelmäßigen Rückschlägen in gesellschaftlich nicht angepasste Verhaltensstrukturen.

Nach seiner Haftstrafe arbeitet er dann auf dem Kartoffelacker, lernt dort Hanna kennen und heiratet sie später. Auch das spätere erneute Auftauchen Wenzels trägt nicht zu Johns Reputation bei, sondern verschlimmert dessen Situation.

4.1.2. Gendarm Lorenz

Gendarm Lorenz beobachtet zufällig die Unterhaltung zwischen John und Wenzel, kann dabei aber nicht verstehen, worüber die Männer sprechen. John möchte nämlich absolut nichts mehr mit Wenzel zu tun haben und macht ihm dies auch in deutlichen Worten klar. Als Wenzel ihn fragt, ob er sich bei ihm einmieten könne, antwortet ihm John, er solle sich beim Teufel einmieten.[12]

In Anbetracht seiner Pflichterfüllung berichtet er dem Bürgermeister von dem Treffen der beiden ehemaligen Straftäter und ist sich sicher, dass diese Zusammenkunft nur bedeuten kann, dass sie ein neues Verbrechen planen. Diese Vermutungen werden vom Bürgermeister allerdings umgehend im Keim erstickt. Er weißt die Vorwürfe des Gendarms scharf zurück.

Gekränkt durch diese Zurückweisung erzählt er allen Leuten, die ihm auf der Strasse begegnen, von den mutmaßlichen kriminellen Plänen Johns und Wenzels. Diese Verleumdungen treffen bei der vorurteilsbelasteten Dorfbevölkerung auf glaubwillige Ohren. Die Gerüchte erreichen auch schnell Johns Arbeitgeber, welcher ihm direkt seine Stelle als Gärtner kündigt. Auch sämtliche anderen Chancen auf eine neue Arbeitsmöglichkeit scheinen nun hinfällig zu sein.

Diese Umstände stürzen den verwitweten Mann und seine Tochter in eine so große Armut, dass John nicht mal mehr Brennholz kaufen kann und sich genötigt sieht, die Bretter der Brunnenbegrenzung zu stehlen, damit seine Tochter nicht erfriert. Als die beiden später auch noch Hunger leiden, beschließt John, nachts Kartoffeln vom Acker zu stehlen und fällt dabei tödlich in den nunmehr ungesicherten Schacht.

---

[12] Storm, S.65

4.1.3. Die Hebamme Grieten

Die Hebamme verkörpert die unversöhnliche und ablehnende Haltung der Gesellschaft gegenüber Hansen und zeigt, dass sich diese nicht nur auf ihn beschränkt, sondern auch seine Familie mit einbezieht.

Während Hanna in schmerzvollen Wehen liegt, eilt John zu Mutter Grieten, damit diese als Hebamme seiner Frau bei der Geburt helfe. Als sie sieht, wer da bei ihr in der Tür steht, beschließt sie, zunächst in Ruhe ihren Kaffee auszutrinken, obwohl John ihr verzweifelt klarzumachen versucht wie ernst es um seine Frau steht und das er befürchtet, sie könnte sterben. „Tröst Er sich, an so etwas stirbt Euresgleichen nicht!"[13], ist die einzige Antwort, die sie zu geben weiß und demonstriert damit mehr als deutlich die Ablehnung und die Verachtung, die sie für die junge Familie empfindet.

Hier zeigt sich zum ersten Mal eine gewisse Art von Erbschuld, mit der Christine bis zum Tode ihres Vaters zu kämpfen hat. Irgendwann scheint sie diese aber überwunden zu haben, denn in der Rahmenerzählung begegnet sie dem Leser als völlig in eine intakte und bürgerliche Familie integrierte junge Frau.

Die Hebamme steht mit ihrem Verhalten für den größten Teil der Bevölkerung des Dorfes, die in dem ehemaligen Häftling und seiner Familie lediglich Menschen zweiter Klasse sehen, bei denen es nicht so genau drauf ankommt, ob sie leben oder sterben.

4.2. Positive Einflüsse

Inmitten dieser Menschen, die das Leben John Hansens so schwierig machen, wie es sich hier darstellt, gibt es aber auch doch noch den einen oder anderen, der das Gute in dem früheren Soldaten sieht und ihm bei seinem Streben nach Bürgerlichkeit zu unterstützen versucht.

4.2.1. Der Bürgermeister

Der Bürgermeister des Dorfes wird oft als Personifikation einer liberalen, fortschrittlichen und gesellschaftskritischen Haltung gesehen, wie sie auch Theodor Storm selbst zu Eigen gewesen sein zu sein scheint.

---

[13] Storm S.35

Er ist einer der Wenigen, die Johns Schuld mit Absitzen seiner Haftstrafe als gesühnt anerkennen, weiß aber auch, offenbar in vorausdeutender Absicht, um Johns schicksalhafte und unglückselige Zukunft.[14]

Um dem Neubeginn seines geläuterten Lebens auf die Sprünge zu helfen, gewährt der Bürgermeister John ein Darlehen. Allein schon diese Geste ist sehr ungewöhnlich, denn der Großteil der Bevölkerung würde ihm wohl kein Geld leihen, da es nicht erwarten würde, es jemals wieder zu sehen. Doch Hansen enttäuscht ihn nicht, sondern zahlt nach Möglichkeit alles zurück.

Ebenso verteidigt der Bürgermeister John vor Gendarm Lorenz, indem er ihm klarmacht, dass er absolut nicht der Überzeugung ist, dass dieser sich wieder mit Wenzel einlassen würde. Ihm wäre es lieber, man würde diesen Mann in Ruhe lassen, da er seine gerechte Strafe abgesessen hat. Dies bewahrt ihn aber doch nicht vor weiteren Schwierigkeiten, sondern schafft eher neuere, da sich der Gendarm, wie zuvor bereits erwähnt, aufgrund der Verneinung seiner Beobachtungen gekränkt fühlt und Hansens vermeintliche erneute Kollaboration mit Wenzel zum Stadtgespräch macht.

Das Oberhaupt der Stadt scheint als einziger die Problematik Hansens zu verstehen und den immensen Druck zu durchschauen, der aufgrund der Unversöhnlichkeit der Dorfgemeinschaft auf ihm lastet, „denn das Rätsel heißt: Wie finde ich meine verspielte Ehre wieder? – Er wird es niemals lösen."[15] In diesem Ausspruch zeigt sich zweierlei: Zunächst das Verständnis des Bürgermeister für Johns aktuelle Lebensumstände; zudem aber auch die Vorbestimmtheit seines Scheiterns, wobei sich nicht eindeutig sagen lässt ob allein sein Umfeld Schuld daran trägt oder ob er selbst unter besseren Bedingungen aufgrund seiner eignen Veranlagung kein endgültiges Glück erfahren würde.

Selbst nach Hansens Tod ergreift der Bürgermeister Partei für ihn. Während die anderen darüber spekulieren, was denn nun mit ihm passiert sei, ob er nun mit Wenzel fortgezogen wäre oder den Freitod gesucht hat, wird das Dorfoberhaupt gefragt, was er von der ganzen Geschichte hält:

„Was soll ich meinen? – Nachdem dieser John von Rechtes wegen seine Strafe abgebüßt hat, wurde er, wie gebräuchlich, der lieben Mitwelt zur Hetzjagd überlasse. Und sie hat ihn nun auch zu Tode gehetzt; denn sie ist ohne Erbarmen. [...] Wenn ich etwas meinen soll, so solltet ihr ihn jetzt in Ruhe lassen, den er gehört nun einem anderen Richter

---

[14] vgl. Ebd. S.31
[15] Ebd, S.32
[16] Ebd. S.70

4.2.3. Christine

Schon allein die Schwangerschaft Hannas ist für John ein unfassbares Glück da er mit der bevorstehenden Geburt seiner Tochter seinem Ziel eines „normalen" Lebens wieder ein großes Stück näher kommt. Zwar wird diese von der Episode mit der Hebamme und der Sorge um den eventuellen Tod seiner Frau überschattet, doch ist die so entstandene kleine Familie das größte Glück seit seiner Entlassung aus dem Gefängnis. Besonders wichtig wird Christine für John nach Hannas Tod. Trotz dieses schweren Schicksalsschlages und dem Verlust seiner großen Liebe gibt der Witwer sich und sein Leben nicht auf. In seinem Bestreben Christine anständig zu erziehen und ihr Bildung zukommen zu lassen zeigt sich erneut Johns Wille zur Rechtschaffenheit. Deshalb ist es für ihn auch fast unerträglich, dass seine Tochter erbetteltes Essen essen soll und sogar selbst vorschlägt, betteln zu gehen, um sich und ihrem Vater das Nötigste zu ermöglichen.

Seine Bemühungen scheinen erfolgreich, denn in der Rahmenerzählungen begegnet Christine dem Leser als völlig in die Gesellschaft integrierte Mutter, der, entfernt vom Heimatort, die Reputation entgegen kommt, die ihrem Vater Zeit seines Lebens versagt geblieben ist. Hierin zeigt sich auch eine Art Hoffnung, dass Schuld doch eines Tages gesühnt ist.

4.3. Ambivalente Einflüsse

In John Hansens Umfeld gibt es auch Personen, deren Einfluss sich nicht deutlich als positiv oder negativ einschätzen lässt. Zwar geben sie ihm einerseits Momente des Glücks, werden ihm andererseits aber auch zum Verhängnis.

4.3.1. Küster-Marieken

Die als Küster-Marieken bekannte, alte Bettlerin ist Johns Umgang mit der Unterschicht – und das sogar im eigenen Haus. Sie identifiziert ihn als vom gleichen Schlag, also der gesellschaftlich Geächteten. Dadurch erinnert sie ihn wieder an sein soziales Stigma.
Ihre Bedeutung für John ist sehr zwiespältig.
Zwar findet er in ihr jemanden, der sich als eine Art Mutterersatz um Christine kümmert, während er als Gärtner arbeitet, doch merkt er auch schnell, dass der ständige Umgang

mit der alten Frau bei seiner Tochter Spuren hinterlässt. Als John später aufgrund der umgehenden Gerüchte im Bezug auf ihn und Wenzel seine Arbeitsstelle verliert, bietet ihm seine Tochter an, betteln zu gehen. *„Mag die Alte sich auch als „saubere Bettlerin" Kost und Kleidung von ihren früheren Dienstherren holen, so bleibt das doch für John Glückstadt Bettelei, von der er sich und seine Tochter abgrenzen und bewahren möchte, um seinen endgültigensozialen Abstieg zu vermeiden.*"[17]

Die Unterstützung bei Christines Erziehung kommt dieser hingegen sehr zu Gute, da auch einige der anderen Dorfbewohner ihren Fleiß bemerken[18] und ihr die somit erworben Bildung bei ihrer späteren Integration in die Gesellschaft nützlich ist.

Dadurch, dass John die Bettlerin bei sich aufnimmt, demonstriert er zwar seinen guten Willen und sein Pflichtbewusstsein und Küster-Marieken übernimmt auch eine wichtige Rolle in Christines Bildung, jedoch fördert er mit der Aufnahme der alten Frau, die selbst gesellschaftlich nicht angesehen ist, seine eigene weitere Ausgrenzung.

4.3.2. Hanna

John lernt seine spätere Frau bei der Arbeit auf dem Acker kennen. Sie ist ebenso arm wie er und scheinbar der einzige Mensch, der keine Angst vor ihm hat. Dank ihr kann John dem Druck der Gesellschaft für einige Momente der Liebe entkommen. Sie stellt für ihn die Chance auf ein normales, bürgerliches Leben dar.

Dieses kurze und einzige Glück in seinem Leben wird allerdings durch das Aufbrechen alter Wunden zerstört. Die Armut der beiden Eheleute führt immer wieder zu teilweise gewalttätigen Auseinandersetzungen, bei denen sich John des Öfteren nicht unter Kontrolle hat und seine Frau schlägt. „Ihnen steht die Masse des Selbstgefälligen Bürgertums gegenüber"[19], denn auch die anderen Dorfbewohner hören von den Streitigkeiten in dem kleinen Heim der Familie. Aus diesem Miterleben bildet sich eine negative Meinung über die Familie. Was sie allerdings nicht mitbekommen, ist die auf jeden Streit folgende Versöhnung, bei der sich die beiden liebevolle küssen und ihn den Armen halten. Es handelt sich bei dieser Beziehung um einen Kreislauf aus Sexualität, Anziehung und Gewalt.[20]

---

[17] Schunicht, Manfred: Theodor Storm: *„Ein Doppelgänger"*. In: J. Kolkenbrock-Netz (Hrsg.): Wege der Literaturwissenschaft. Bonn: 1985, S. 174ff, 178.
[18] vgl. Storm, S.55
[19] Schuster, Ingrid: Storms *„Ein Doppelgänger"* und Brechts *„Der gute Mensch von Sezuan"*. In: Schriftreihe der Theodor-Storm-Gesellschaft. 23 (1974), S.33ff, S.35
[20] vgl. ebd. S.36 und S.40

Die Situation eskaliert allerdings eines Tages, als Hanna ihrem Mann vorschlägt, durch Wollspinnerei etwas hinzu zu verdienen. John hat dieses Handwerk in seiner Zeit im Gefängnis gelernt. So an seine unrühmliche Vergangenheit erinnert, rastet er völlig aus und wird erneut handgreiflich. Dabei stolpert seine Frau, fällt hin und verletzt sich dabei so unglücklich am Kopf, dass sie an der Verletzung stirbt.

So verschuldet er selbst den Tod des Menschen, der für ihn das größte Glück bedeutete. Allerdings provozierte Hanna mit ihren Anspielungen auch Johns aggressives Verhalten, obwohl sie weiß, dass er nach wie vor ein großes Problem mit seiner Vergangenheit hat.

5. Der Brunnen als zentrales Motiv der Novelle

Alleine schon die Tatsache, dass Storms ursprünglich für die Novelle geplante Titel „Der Brunnen" war, zeigt dessen Bedeutung für die gesamte Erzählung. Betrachtet man Paul Heyses „Falkentheorie", so ist der Brunnen in „Ein Doppelgänger" dieser Falke.[21] Er ist das zentrale Motiv der Novelle und macht sie zu etwas besonderem.

Alle entscheidenden Ereignisse laufen an diesem Ort zusammen. Er wirkt auch Voraus-deutend auf ein unglückliches Ende: der Brunnen steht auf dem Feld, auf dem John spä-ter als Aufseher arbeitet. Dort, wo in früherer Zeit auch der Galgen des Ortes stand.

Auf diesem Acker lernt John Hanna kennen und stellt ihr am Brunnen den Heiratsantrag. Dann errichtet er um den Brunnenschacht einen Bretterzaun, um sowohl seine Frau als auch die anderen Arbeiter vor einem Sturz in eben diesen zu bewahren. Denselben reißt er aber wieder ab, um Brennholz für sich und seine Tochter zu haben, nachdem er seine Stelle als Gärtner verloren hat. Als er versucht, nachts Kartoffeln vom Feld zu stehlen stürzt er in den nicht mehr abgesicherten Schacht und stirbt.

Der Brunnen betont die Schicksalhaftigkeit von John Hansens Ende im Gegensatz zu den sozialkritischen Aspekten des Textes. Der tatsächliche steht stellvertretend für den gesellschaftlichen Absturz, der dem nach Glück strebenden Mann scheinbar von Anfang an vorbestimmt war.

---

[21] Storm betrieb auch einen Briefwechsel mit Heyse

6. Zusammenfassung

Es ist schwer zu sagen, ob Storm mit seiner Novelle tatsächlich in erster Linie Kritik am Rechtswesen und dem sozialen Gefüge seiner Zeit üben wollte. Zwar sprechen sein eigener Werdegang und die Zeichnung der meisten Figuren für diese Annahme, doch bleiben bei all den äußeren Einflüssen immer noch Spuren von Eigenverantwortung und Determiniertheit, denen sich John Hansen stellvertretend für alle Menschen entgegen sieht. Am denkbarsten ist, dass der Autor eine Geschichte erzählen will, in der alle Faktoren eine Rolle spielen:

Eine Gesellschaft, die die Bemühungen eines Menschen anerkennen sollte, ein Mensch, der um seine eigenen Defizite wissen sollte und lernen muss, diese unter Kontrolle zu halten und letzlich immer ein Rest Schicksal, das von nichts und niemandem beeinflusst werden kann.

Auf diese Weise einerseits von Wenzel als eine Art Vaterfigur beeinflusst, andererseits durch anscheinend bereits in ihm vorhandene Anlagen, begehen die beiden Männer den Einbruchsdiebstahl, der zur Verhaftung führt. Dies ist für John Hansen bzw. John Glückstadt der Ausgangspunkt für sein späteres Leben zwischen dem Streben nach Bürgerlichkeit, dem Wieder finden der eigenen Ehre und regelmäßigen Rückschlägen in gesellschaftlich nicht angepasste Verhaltensstrukturen.

Nach seiner Haftstrafe arbeitet er dann auf dem Kartoffelacker, lernt dort Hanna kennen und heiratet sie später. Auch das spätere erneute Auftauchen Wenzels trägt nicht zu Johns Reputation bei, sondern verschlimmert dessen Situation.

4.1.2. Gendarm Lorenz

Gendarm Lorenz beobachtet zufällig die Unterhaltung zwischen John und Wenzel, kann dabei aber nicht verstehen, worüber die Männer sprechen. John möchte nämlich absolut nichts mehr mit Wenzel zu tun haben und macht ihm dies auch in deutlichen Worten klar. Als Wenzel ihn fragt, ob er sich bei ihm einmieten könne, antwortet ihm John, er solle sich beim Teufel einmieten.[12]

In Anbetracht seiner Pflichterfüllung berichtet er dem Bürgermeister von dem Treffen der beiden ehemaligen Straftäter und ist sich sicher, dass diese Zusammenkunft nur bedeuten kann, dass sie ein neues Verbrechen planen. Diese Vermutungen werden vom Bürgermeister allerdings umgehend im Keim erstickt. Er weißt die Vorwürfe des Gendarms scharf zurück.

Gekränkt durch diese Zurückweisung erzählt er allen Leuten, die ihm auf der Strasse begegnen, von den mutmaßlichen kriminellen Plänen Johns und Wenzels. Diese Verleumdungen treffen bei der vorurteilsbelasteten Dorfbevölkerung auf glaubwillige Ohren. Die Gerüchte erreichen auch schnell Johns Arbeitgeber, welcher ihm direkt seine Stelle als Gärtner kündigt. Auch sämtliche anderen Chancen auf eine neue Arbeitsmöglichkeit scheinen nun hinfällig zu sein.

Diese Umstände stürzen den verwitweten Mann und seine Tochter in eine so große Armut, dass John nicht mal mehr Brennholz kaufen kann und sich genötigt sieht, die Bretter der Brunnenbegrenzung zu stehlen, damit seine Tochter nicht erfriert. Als die beiden später auch noch Hunger leiden, beschließt John, nachts Kartoffeln vom Acker zu stehlen und fällt dabei tödlich in den nunmehr ungesicherten Schacht.

---

[12] Storm, S.65

4.1.3. Die Hebamme Grieten

Die Hebamme verkörpert die unversöhnliche und ablehnende Haltung der Gesellschaft gegenüber Hansen und zeigt, dass sich diese nicht nur auf ihn beschränkt, sondern auch seine Familie mit einbezieht.

Während Hanna in schmerzvollen Wehen liegt, eilt John zu Mutter Grieten, damit diese als Hebamme seiner Frau bei der Geburt helfe. Als sie sieht, wer da bei ihr in der Tür steht, beschließt sie, zunächst in Ruhe ihren Kaffee auszutrinken, obwohl John ihr verzweifelt klarzumachen versucht wie ernst es um seine Frau steht und das er befürchtet, sie könnte sterben. „Tröst Er sich, an so etwas stirbt Euresgleichen nicht!"[13], ist die einzige Antwort, die sie zu geben weiß und demonstriert damit mehr als deutlich die Ablehnung und die Verachtung, die sie für die junge Familie empfindet.

Hier zeigt sich zum ersten Mal eine gewisse Art von Erbschuld, mit der Christine bis zum Tode ihres Vaters zu kämpfen hat. Irgendwann scheint sie diese aber überwunden zu haben, denn in der Rahmenerzählung begegnet sie dem Leser als völlig in eine intakte und bürgerliche Familie integrierte junge Frau.

Die Hebamme steht mit ihrem Verhalten für den größten Teil der Bevölkerung des Dorfes, die in dem ehemaligen Häftling und seiner Familie lediglich Menschen zweiter Klasse sehen, bei denen es nicht so genau drauf ankommt, ob sie leben oder sterben.

4.2. Positive Einflüsse

Inmitten dieser Menschen, die das Leben John Hansens so schwierig machen, wie es sich hier darstellt, gibt es aber auch doch noch den einen oder anderen, der das Gute in dem früheren Soldaten sieht und ihm bei seinem Streben nach Bürgerlichkeit zu unterstützen versucht.

4.2.1. Der Bürgermeister

Der Bürgermeister des Dorfes wird oft als Personifikation einer liberalen, fortschrittlichen und gesellschaftskritischen Haltung gesehen, wie sie auch Theodor Storm selbst zu Eigen gewesen sein zu sein scheint.

---

[13] Storm S.35

8

Er ist einer der Wenigen, die Johns Schuld mit Absitzen seiner Haftstrafe als gesühnt anerkennen, weiß aber auch, offenbar in vorausdeutender Absicht, um Johns schicksalhafte und unglückselige Zukunft.[14]

Um dem Neubeginn seines geläuterten Lebens auf die Sprünge zu helfen, gewährt der Bürgermeister John ein Darlehen. Allein schon diese Geste ist sehr ungewöhnlich, denn der Großteil der Bevölkerung würde ihm wohl kein Geld leihen, da es nicht erwarten würde, es jemals wieder zu sehen. Doch Hansen enttäuscht ihn nicht, sondern zahlt nach Möglichkeit alles zurück.

Ebenso verteidigt der Bürgermeister John vor Gendarm Lorenz, indem er ihm klarmacht, dass er absolut nicht der Überzeugung ist, dass dieser sich wieder mit Wenzel einlassen würde. Ihm wäre es lieber, man würde diesen Mann in Ruhe lassen, da er seine gerechte Strafe abgesessen hat. Dies bewahrt ihn aber doch nicht vor weiteren Schwierigkeiten, sondern schafft eher neuere, da sich der Gendarm, wie zuvor bereits erwähnt, aufgrund der Verneinung seiner Beobachtungen gekränkt fühlt und Hansens vermeintliche erneute Kollaboration mit Wenzel zum Stadtgespräch macht.

Das Oberhaupt der Stadt scheint als einziger die Problematik Hansens zu verstehen und den immensen Druck zu durchschauen, der aufgrund der Unversöhnlichkeit der Dorfgemeinschaft auf ihm lastet, „denn das Rätsel heißt: Wie finde ich meine verspielte Ehre wieder? – Er wird es niemals lösen."[15] In diesem Ausspruch zeigt sich zweierlei: Zunächst das Verständnis des Bürgermeister für Johns aktuelle Lebensumstände; zudem aber auch die Vorbestimmtheit seines Scheiterns, wobei sich nicht eindeutig sagen lässt, ob allein sein Umfeld Schuld daran trägt oder ob er selbst unter besseren Bedingungen aufgrund seiner eignen Veranlagung kein endgültiges Glück erfahren würde.

Selbst nach Hansens Tod ergreift der Bürgermeister Partei führ ihn. Während die anderen darüber spekulieren, was denn nun mit ihm passiert sei, ob er nun mit Wenzel fortgezogen wäre oder den Freitod gesucht hat, wird das Dorfoberhaupt gefragt, was er von der ganzen Geschichte hält:

> „Was soll ich meinen? – Nachdem dieser John von Rechtes wegen
> seine Strafe abgebüßt hat, wurde er, wie gebräuchlich, der lieben
> Mitwelt zur Hetzjagd überlasse. Und sie hat ihn nun auch zu Tode gehetzt;
> denn sie ist ohne Erbarmen. [...] Wenn ich etwas meinen soll,
> so solltet ihr ihn jetzt in Ruhe lassen, den er gehört nun einem anderen Richter."[16]

---

[14] vgl. Ebd. S.31
[15] Ebd, S.32
[16] Ebd. S.70

Hier gibt er eindeutig den Dorfbewohnern die Schuld am schweren Leben Johns, das offenbar unweigerlich zu dessen Tod geführt hat. Wenn man nun die häufig in der Literatur auftauchende Vermutung annimmt, dass sich Storm selbst mit seiner eigenen Meinung in der Gestalt des Bürgermeisters äußert, so klagt er hier offen das für ihn größte Defizit der Gerichtssprechung an. Selbst wenn Straftäter ihre Schuld rechtmäßig büßen, bedeutet dies noch lange nicht, dass die Bevölkerung sie daraufhin wieder in ihrer Mitte akzeptieren. Ein Problem, zu dem die Rechtssprechung bis zum heutigen Tage noch keine Lösung gefunden hat.

4.2.2. Der Schreiner

Der Schreiner ist Nachbar der Familie Hansen. Wenn es zwischen John und Hanna zu Streitigkeiten kommt und diese auszuufern drohen, geht er oftmals zu ihnen rüber und versucht die häufig handfesten Auseinandersetzungen beizulegen. Wenn ihm dies misslingt, so nimmt er doch wenigstens Christine mit zu sich hinüber, damit die kleine Tochter den Streit der Eltern nicht miterleben muss.

In finanzieller Hinsicht verhält er sich ähnlich wie der Bürgermeister. Nach dem Tode Hannas gewährt er John eine Ratenzahlung auf den von ihm angefertigten Sarg. Dies hilft John bei seinem Versuch in die Gesellschaft zurückzukehren, denn nun kann er seine geliebte Frau auf eine für ihn ehrenvolle und würdige Weise beisetzen.

Die Motive bzw. die Motivation des Schreiner wird nicht wirklich klar, doch scheint es, als fühle er sich auf rein menschlicher Ebene dazu verpflichtet, Menschen, denen es schlechter geht als ihm selbst, zu helfen. Somit steht er in der Novelle für Gutmütigkeit und Hilfsbereitschaft aus Mitleid. Er bleibt allerdings auf sicherer Distanz zu Hansen und tut nur das, was scheinbar sein Anstand von ihm verlangt, denn er unternimmt keine Versuche, seinen Nachbarn wieder aktiv in die Gemeinschaft zu integrieren. Wenn man diese Beziehung mit der zwischen Hansen und Küster-Marieken vergleicht, so lässt sich vermuten, dass dieses Verhalten mit seiner Sorge um seine eigene Reputation zu begründen ist, denn der Umgang mit Menschen aus einer gesellschaftlich niedrigeren Schicht scheint sich eben nicht positiv auf dessen sondern negativ auf den eigenen Stand auszuwirken.

Nichtsdestotrotz wirkt sich das Verhalten des Schreiners im Vergleich zu anderen Einflüssen positiv auf Johns Lebensumstände aus.

4.2.3. Christine

Schon allein die Schwangerschaft Hannas ist für John ein unfassbares Glück da er mit der bevorstehenden Geburt seiner Tochter seinem Ziel eines „normalen" Lebens wieder ein großes Stück näher kommt. Zwar wird diese von der Episode mit der Hebamme und der Sorge um den eventuellen Tod seiner Frau überschattet, doch ist die so entstandene kleine Familie das größte Glück seit seiner Entlassung aus dem Gefängnis. Besonders wichtig wird Christine für John nach Hannas Tod. Trotz dieses schweren Schicksalsschlages und dem Verlust seiner großen Liebe gibt der Witwer sich und sein Leben nicht auf. In seinem Bestreben Christine anständig zu erziehen und ihr Bildung zukommen zu lassen zeigt sich erneut Johns Wille zur Rechtschaffenheit. Deshalb ist es für ihn auch fast unerträglich, dass seine Tochter erbetteltes Essen essen soll und sogar selbst vorschlägt, betteln zu gehen, um sich und ihrem Vater das Nötigstes zu ermögli-chen.

Seine Bemühungen scheinen erfolgreich, denn in der Rahmenerzählungen begegnet Christine dem Leser als völlig in die Gesellschaft integrierte Mutter, der, entfernt vom Heimatort, die Reputation entgegen kommt, die ihrem Vater Zeit seines Lebens versagt geblieben ist. Hierin zeigt sich auch eine Art Hoffnung, dass Schuld doch eines Tages gesühnt ist.

4.3. Ambivalente Einflüsse

In John Hansens Umfeld gibt es auch Personen, deren Einfluss sich nicht deutlich als positiv oder negativ einschätzen lässt. Zwar geben sie ihm einerseits Momente des Glücks, werden ihm andererseits aber auch zum Verhängnis.

4.3.1. Küster-Marieken

Die als Küster-Marieken bekannte, alte Bettlerin ist Johns Umgang mit der Unterschicht – und das sogar im eigenen Haus. Sie identifiziert ihn als vom gleichen Schlag, also der gesellschaftlich Geächteten. Dadurch erinnert sie ihn wieder an sein soziales Stigma. Ihre Bedeutung für John ist sehr zwiespältig.

Zwar findet er in ihr jemanden, der sich als eine Art Mutterersatz um Christine kümmert, während er als Gärtner arbeitet, doch merkt er auch schnell, dass der ständige Umgang mit der alten Frau bei seiner Tochter Spuren hinterlässt. Als John später aufgrund der umgehenden Gerüchte im Bezug auf ihn und Wenzel seine Arbeitsstelle verliert, bietet ihm seine Tochter an, betteln zu gehen. *„Mag die Alte sich auch als „saubere Bettlerin" Kost und Kleidung von ihren früheren Dienstherren holen, so bleibt das doch für John Glückstadt Bettelei, von der er sich und seine Tochter abgrenzen und bewahren möchte, um seinen endgültigensozialen Abstieg zu vermeiden."*[17] Die Unterstützung bei Christines Erziehung kommt dieser hingegen sehr zu Gute, da auch einige der anderen Dorfbewohner ihren Fleiß bemerken[18] und ihr die somit erworben Bildung bei ihrer späteren Integration in die Gesellschaft nützlich ist.

Dadurch, dass John die Bettlerin bei sich aufnimmt, demonstriert er zwar seinen guten Willen und sein Pflichtbewusstsein und Küster-Marieken übernimmt auch eine wichtige Rolle in Christines Bildung, jedoch fördert er mit der Aufnahme der alten Frau, die selbst gesellschaftlich nicht angesehen ist, seine eigene weitere Ausgrenzung.

4.3.2. Hanna

John lernt seine spätere Frau bei der Arbeit auf dem Acker kennen. Sie ist ebenso arm wie er und scheinbar der einzige Mensch, der keine Angst vor ihm hat. Dank ihr kann John dem Druck der Gesellschaft für einige Momente der Liebe entkommen. Sie stellt für ihn die Chance auf ein normales, bürgerliches Leben dar.

Dieses kurze und einzige Glück in seinem Leben wird allerdings durch das Aufbrechen alter Wunden zerstört. Die Armut der beiden Eheleute führt immer wieder zu teilweise gewalttätigen Auseinandersetzungen, bei denen sich John des Öfteren nicht unter Kontrolle hat und seine Frau schlägt. „Ihnen steht die Masse des Selbstgefälligen Bürgertums gegenüber"[19], denn auch die anderen Dorfbewohner hören von den Streitigkeiten in dem kleinen Heim der Familie. Aus diesem Miterleben bildet sich eine negative Meinung über die Familie. Was sie allerdings nicht mitbekommen, ist die auf jeden Streit folgende Versöhnung, bei der sich die beiden liebevolle küssen und ihn den Armen halten. Es handelt sich bei dieser Beziehung um einen Kreislauf aus Sexualität, Anziehung und Gewalt.[20]

---

[17] Schunicht, Manfred: Theodor Storm: *„Ein Doppelgänger"*. In: J. Kolkenbrock-Netz (Hrsg.): Wege der Literaturwissenschaft. Bonn: 1985, S. 174ff, 178.
[18] vgl. Storm, S.55
[19] Schuster, Ingrid: Storms *„Ein Doppelgänger"* und Brechts *„Der gute Mensch von Sezuan"*. In: Schriftreihe der Theodor-Storm-Gesellschaft. 23 (1974), S.33ff, S.35
[20] vgl. ebd. S.36 und S.40

Die Situation eskaliert allerdings eines Tages, als Hanna ihrem Mann vorschlägt, durch Wollspinnerei etwas hinzu zu verdienen. John hat dieses Handwerk in seiner Zeit im Gefängnis gelernt. So an seine unrühmliche Vergangenheit erinnert, rastet er völlig aus und wird erneut handgreiflich. Dabei stolpert seine Frau, fällt hin und verletzt sich dabei so unglücklich am Kopf, dass sie an der Verletzung stirbt.

So verschuldet er selbst den Tod des Menschen, der für ihn das größte Glück bedeutete. Allerdings provozierte Hanna mit ihren Anspielungen auch Johns aggressives Verhalten, obwohl sie weiß, dass er nach wie vor ein großes Problem mit seiner Vergangenheit hat.

5. Der Brunnen als zentrales Motiv der Novelle

Alleine schon die Tatsache, dass Storms ursprünglich für die Novelle geplante Titel „Der Brunnen" war, zeigt dessen Bedeutung für die gesamte Erzählung. Betrachtet man Paul Heyses „Falkentheorie", so ist der Brunnen in „Ein Doppelgänger" dieser Falke.[21] Er ist das zentrale Motiv der Novelle und macht sie zu etwas besonderem.

Alle entscheidenden Ereignisse laufen an diesem Ort zusammen. Er wirkt auch Voraus-deutend auf ein unglückliches Ende: der Brunnen steht auf dem Feld, auf dem John spä-ter als Aufseher arbeitet. Dort, wo in früherer Zeit auch der Galgen des Ortes stand.

Auf diesem Acker lernt John Hanna kennen und stellt ihr am Brunnen den Heiratsantrag. Dann errichtet er um den Brunnenschacht einen Bretterzaun, um sowohl seine Frau als auch die anderen Arbeiter vor einem Sturz in eben diesen zu bewahren. Denselben reißt er aber wieder ab, um Brennholz für sich und seine Tochter zu haben, nachdem er seine Stelle als Gärtner verloren hat. Als er versucht, nachts Kartoffeln vom Feld zu stehlen stürzt er in den nicht mehr abgesicherten Schacht und stirbt.

Der Brunnen betont die Schicksalhaftigkeit von John Hansens Ende im Gegensatz zu den sozialkritischen Aspekten des Textes. Der tatsächliche steht stellvertretend für den gesellschaftlichen Absturz, der dem nach Glück strebenden Mann scheinbar von Anfang an vorbestimmt war.

---

[21] Storm betrieb auch einen Briefwechsel mit Heyse

13

6. Zusammenfassung

Es ist schwer zu sagen, ob Storm mit seiner Novelle tatsächlich in erster Linie Kritik am Rechtswesen und dem sozialen Gefüge seiner Zeit üben wollte. Zwar sprechen sein eigener Werdegang und die Zeichnung der meisten Figuren für diese Annahme, doch bleiben bei all den äußeren Einflüssen immer noch Spuren von Eigenverantwortung und Determiniertheit, denen sich John Hansen stellvertretend für alle Menschen entgegen sieht. Am denkbarsten ist, dass der Autor eine Geschichte erzählen will, in der alle Faktoren eine Rolle spielen:

Eine Gesellschaft, die die Bemühungen eines Menschen anerkennen sollte, ein Mensch, der um seine eigenen Defizite wissen sollte und lernen muss, diese unter Kontrolle zu halten und letzlich immer ein Rest Schicksal, das von nichts und niemandem beeinflusst werden kann.

Literaturverzeichnis

An Constanze, vom 10.10.1863. In: Theodor Storm. Ein rechtes Herz. Sein Leben in Briefen dargestellt von Bruno Loets. Wiesbaden: 1951, S. 238.

An Emil Kuh, vom 21.8.1873. In: P. Goldammer (Hrsg.): Theodor Storm: Briefe. Berlin/Weimar: 1972. Bd. 2, S.69

An Ludwig Pietsch, vom 22.2.1862. In: Blätter der Freundschaft. Aus dem Briefwechsel zwischen Theodor Storm und Ludwig Pietsch. Mitgeteilt von Volquart Pauls. Heide in Holstein: 1939, S.73.

Grimm, Günter: Storms „Ein Doppelgänger". Soziales Stigma als modernes Schicksal. In: H. Denkler (Hrsg.): Romane und Erzählungen des bürgerlichen Realismus. Stuttgart: 1980, S.325 ff.

Schunicht, Manfred: Theodor Storm: „Ein Doppelgänger". In: J. Kolkenbrock-Netz (Hrsg.): Wege der Literaturwissenschaft. Bonn: 1985, S. 174ff.

Schuster, Ingrid: Storms „Ein Doppelgänger" und Brechts „Der gute Mensch von Sezuan". In: Schriftreihe der Theodor-Storm-Gesellschaft. 23 (1974), S.33ff.

Storm, Theodor: Ein Doppelgänger. Ditzingen: Reclam. 2003.

Tschorn, Wolfgang: Der Verfall der Familie. „Der Herr Etatsrat" und „Ein Doppelgänger" als Beispiele zu einem zentralen Darstellungsobjekt Storms. In: Schriftreihe der Theodor-Storm-Gesellschaft. 29 (1980), S. 44ff.